« Je salue de loin un avenir dans lequel j'ai foi : cet avenir qui apportera à la France sa tranquillité et son bonheur, le jour où la patrie mettra son épée au pied de la Croix! »

Général DE SONIS.

« J'ai deux devoirs à remplir qui, bien loin de s'exclure, s'entr'aident et se fortifient : le devoir du chrétien et le devoir du soldat. Je suis toujours prêt, quand il le faudra, à donner mon sang et à sacrifier ma vie; mais mon âme jamais! »

Général DE MIRIBEL.

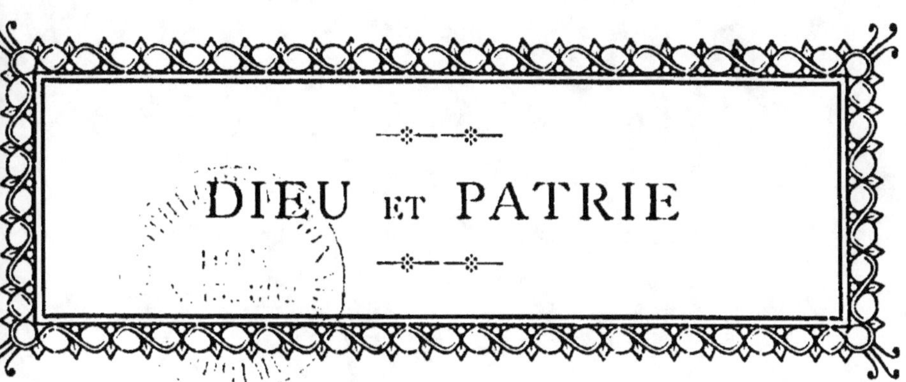

DIEU ET PATRIE

« Je salue de loin un avenir dans lequel j'ai foi : cet avenir qui apportera à la France sa tranquillité et son bonheur, le jour où la patrie mettra son épée au pied de la Croix ! »

Général DE SONIS.

« J'ai deux devoirs à remplir qui, bien loin de s'exclure, s'entr'aident et se fortifient : le devoir du chrétien et le devoir du soldat. Je suis toujours prêt, quand il le faudra, à donner mon sang et à sacrifier ma vie ; mais mon âme jamais ! »

Général DE MIRIBEL.

DIOCÈSE D'ÉVREUX

—

Œuvre militaire d'Evreux

ET

Association diocésaine de N.-D. des Armées

~~~~~~

30, rue de la Petite-Cité, à Evreux

—◦◦◦—

Evreux, le 1er mars 1891.

M

Nous avons l'honneur de vous faire hommage d'une brochure, intitulée « *Dieu et Patrie*, » sur laquelle nous nous permettons d'appeler votre bienveillante attention. Elle vous révélera l'organisation, la marche et le progrès de nos Œuvres de l'Armée.

Chaque année, l'entretien et le développement de ces Œuvres si actuelles et si utiles, imposent à leur Directeur l'obligation de leur créer les ressources suffisantes et de faire appel aux cœurs français et chrétiens au fond desquels trouvent toujours écho les nobles inspirations du patriotisme et de la foi.

Au lendemain du jour mémorable où l'Eglise déclare que l'heure est venue d'appeler devant son Tribunal suprême la cause de Jeanne d'Arc, pour examiner si l'auréole des saints doit être placée au front de la Vierge qui a délivré notre Patrie et dont la voix s'est si souvent élevée pour solliciter des prières et des œuvres en faveur des vivants et des morts de l'Armée, notre appel, nous en avons la confiance, ne restera pas vain : nous aimons à le placer sous ce cher et gracieux patronage.

La lecture du Rapport vous édifiera d'ailleurs sur nos charges habituelles et sur les dépenses extraordinaires auxquelles nous aurons à faire face cette année : *la peinture des salles* de la Maison de Famille, considérablement agrandie, et *l'ameublement liturgique de l'Oratoire de Notre-Dame des Victoires.*

Nous osons donc espérer que vous ne nous refuserez pas votre précieux concours ou que vous nous le continuerez si déjà vous nous l'avez accordé. — Les souscriptions (1) destinées à nos Œuvres seront reçues avec reconnaissance par leur Directeur, *M. le chanoine* BRUNO, *30, rue de la Petite-Cité, à Evreux.*

Veuillez, M   , agréer l'hommage de nos sentiments les plus respectueux.

La *Présidente Générale :*
Amirale Baronne DE LA RONCIÈRE-LE NOURY.

Les *Vice-Présidentes :*
Comtesse DU MAXOIR.
Générale PELLÉ.

Le *Directeur :*
Chanoine A. BRUNO.

J. COLOMBAIN,
*Chanoine honoraire d'Evreux et de Chambéry,
ancien Directeur des deux Œuvres,
Membre Fondateur.*

Le *Secrétaire :*
Abbé Raphaël DE MAISTRE.

(1) Prière de voir les notes des pages 29 et 30 du Rapport, et de la page 38 pour ce qui concerne l'Association diocésaine de N.-D. des Armées.
~~~~~~

RAPPORT

SUR

l'Œuvre Militaire d'Evreux

ET SUR

l'Association diocésaine
de Notre-Dame des Armées

PRÉSENTÉ PAR

M. l'Abbé Colombain

CHANOINE HONORAIRE D'ÉVREUX ET DE CHAMBÉRY
ANCIEN DIRECTEUR DES DEUX ŒUVRES

A LA

RÉUNION ANNUELLE des MEMBRES des COMITÉS

PRÉSIDÉE PAR

Sa Grandeur Monseigneur Hautin

ARCHEVÊQUE DE CHAMBÉRY
ADMINISTRATEUR APOSTOLIQUE DU DIOCÈSE D'ÉVREUX

18 DECEMBRE 1893

TOURNAI [BELGIQUE]

Société de Saint Jean l'Evangéliste,

DESCLÉE, LEFEBVRE & Cie

Editeurs Pontificaux.

Compte rendu de la réunion annuelle.

L E 18 Décembre 1893, à deux heures, a eu lieu dans la grande salle de l'Evêché, la réunion annuelle des Membres des Comités de l'Œuvre Militaire et de l'Association diocésaine de prières pour l'Armée.

Cette Assemblée comprenait, avec l'élite de la société de la Ville et du Département, M. le Vicaire général Lenormand, plusieurs autres membres du Chapitre, MM. les Supérieurs du Grand séminaire, du Petit séminaire S.-Aquilin, de l'Ecole de saint François de Sales, M. le Doyen de Cormeilles, M. le Doyen de Conches, et nombre de prêtres, dont quelques-uns accourus des extrémités du diocèse.

M. le Général Marin, voulant donner un nouveau témoignage de l'intérêt qu'il porte à l'Œuvre Militaire, honorait la réunion de sa présence. Monseigneur, en lui offrant la première place à sa droite, l'invita gracieusement à partager avec lui la Présidence.

Sa Grandeur était en outre entourée de : MM. les Archidiacres, M. l'Archiprêtre de la Cathédrale, Madame la Baronne de la Roncière-Le-Noury, Présidente générale de l'Œuvre, Mmes la Comtesse du Manoir et la Générale Pellé, Vice-présidentes, M. le Comte de Maistre, M. l'Abbé Odieuvre, ancien Aumônier militaire, M. l'Aumônier de l'Hospice civil et militaire, membres du Comité paroissial, M. le Lieutenant Colonel et M. le Major du 28e de Ligne, en uniforme.

La parole fut d'abord donnée à M. l'Abbé Colombain pour la lecture de son Rapport.

M. le Chanoine Bruno proposa ensuite à l'Assemblée de voter l'inscription de M. l'Abbé Colombain parmi les membres Fondateurs des deux Œuvres dont il a eu pendant trois ans la direction. Cette proposition fut favorablement accueillie.

Dans une allocution pleine de charmes, Monseigneur se plut à relever et à développer quelques-unes des citations du Rapport, heureux d'insister sur les progrès réalisés et sur les résultats acquis, pour dire hautement sa reconnaissance envers les bienfaiteurs de ces œuvres et particulièrement envers celle qui en est l'âme et la protectrice admirablement dévouée, depuis leur fondation, Madame l'Amirale de la Roncière-Le-Noury.

Le Prélat n'eut garde d'oublier M. le Général Marin. Il le remercia chaleureusement, ainsi que MM. les Officiers de la garnison, d'avoir bien voulu favoriser une institution dont ils comprennent le but moralisateur, patriotique et chrétien.

Se levant à son tour, M. le Général exprime la vive satisfaction qu'il éprouve de voir prospérer des œuvres dont l'utilité est incontestable. Il remercie Monseigneur, non seulement de les avoir créées, mais d'en avoir confié la direction à des prêtres dont le dévouement s'exerce avec la prudence et le tact que réclame une telle mission. Sa gratitude est acquise aussi à Madame la Présidente générale et à tous ceux qui concourent avec elle à l'entretien et au développement de ces belles œuvres.

La bénédiction, donnée par Monseigneur, au nom du Saint-Père, a terminé dignement cette magnifique réunion.

RAPPORT.

MONSEIGNEUR,

Ejà quelques-unes des œuvres qui se développent dans ce beau diocèse ont voulu redire publiquement les particulières sollicitudes dont Vous les avez entourées. A l'hymne de la reconnaissance il leur a fallu, hélas! mêler les larmes du regret. Et voici que nous arrivons les derniers dans ce concert qui réjouit et éplore tout à la fois Votre cœur. Cette place, nous l'eussions enviée si elle ne nous avait point été gracieusement assignée. Ne sommes-nous pas les premiers-nés des heureuses inspirations de Votre Épiscopat de trois ans et nous refuserait-on quelque droit aux paternelles dilections de l'heure des adieux?

Pour mettre le comble à Vos bontés, Vous avez daigné appeler sur nos œuvres l'attention du Grand Pontife qui gouverne l'Eglise et c'est les mains pleines de ses bénédictions que Vous venez à nous. Fières de si hauts encouragements, nos œuvres vivront, et leur histoire, dont j'ai eu la douce et consolante mission d'écrire les premières pages, relatera fidèlement, presque à chacune d'elles, et Vos bienfaits et notre profonde gratitude!

I.

Ans un de ces éloquents mouvements qui tenaient sous le charme de sa parole le brillant auditoire de Notre-Dame, le Père Lacordaire s'adressant à cette jeunesse à laquelle il était si passionnément dévoué : " J'ai entendu, s'écriait-il, les soupirs qui s'exhalent de la poitrine enflammée du jeune homme; j'ai compté les épines qu'il arrachait le matin de sa chair meurtrie, et il m'est apparu combien est douloureux cet oreiller de la jeunesse, où dorment avec tant de chimères, tant de coupables voluptés. Dieu vous rappelle ainsi, jeunes gens, il vous rappelle au grand amour pour lequel vous êtes faits! " [1]

Quelle est l'âme sacerdotale qui n'a tressailli de la même émotion en jetant les yeux sur la jeunesse qui l'environne? Et ce sentiment qui révèle tant de tendresse et de pitié n'est-il pas capable d'allumer la flamme du zèle dans le cœur de tous ceux que leur situation ou leur ministère a placés plus près de cette portion la plus intéressante de l'humanité, parce que son âge, sa générosité et ses ardeurs semblent l'exposer davantage aux faiblesses, aux imprudences et aux mécomptes de la vie? —En vain, chercherions-nous ailleurs le mobile qui a inspiré la fondation de nos œuvres, pour le salut de ces jeunes gens de vingt ans qui, " abandonnés à eux-mêmes, c'est-à-dire à leur inexpérience et à leurs passions, loin des regards protecteurs de leurs parents, sans surveillance, sans conseils, sans direc-

---

[1] Conférences de N. D. 1851.

tion morale, se trouveraient dans les conditions les moins
favorables à la pratique de la vertu. " [1]

Cet apostolat spécial auquel nous nous sommes consacrés,
sous l'impulsion et la direction de notre Évèque, doit s'exercer
et se maintenir dans les voies de la prudence qui cherche à
faire le bien sans le compromettre. Aussi, pour nous mouvoir
avec le plus de liberté possible dans la sphère d'action très
étroite que nous accordent les lois civiles et les règlements de
l'Armée, avons-nous commencé par étudier scrupuleusement la
lettre et l'esprit de ceux-ci. Ce fut l'objet de notre premier
Rapport. Le second relatait, à l'honneur de votre appui, les
approbations trop flatteuses que nous avons reçues de l'Épiscopat, au sujet de cette étude impartiale, de nos essais, et du
but que nous poursuivons.

Sans doute, nos débuts ont été bien modestes. Mais n'en
va-t-il pas toujours ainsi dans les œuvres chrétiennes? Un
homme qui a étonné son siècle par les merveilleuses industries
de sa charité, le " *bon Monsieur Vincent* " ainsi qu'on l'appe-
lait de son temps, nous en fait lui-même l'aveu : " Pour l'ordi-
naire, dit-il, les œuvres de Dieu se font par degrés : elles ont
leur commencement et leurs progrès. On ne doit donc pas pré-
tendre faire toutes choses d'un coup, ni estimer que tout soit
perdu parce qu'il faut des soins pour réussir. Il faut aller pied
à pied et adresser à Dieu de fréquentes prières. "

Sans abandonner aucun des principes que nous vous avons
exposés, après les avoir empruntés à des prêtres qui ont une
longue expérience de la vie militaire, du cœur du soldat, des
moyens propres à assurer sa préservation et sa persévérance,
nous nous appliquons tout d'abord à développer ce qui nous
paraît de nature à favoriser nos rapports avec lui, à le connai-
tre plus intimement, à gagner peu à peu sa confiance. En
d'autres termes, nous faisons le siège de son cœur pour attein-
dre son âme.

[1] Allocution de Mgr Hautin. 3 Nov. 1891.

Ces jeunes gens qui viennent, s'entraînant les uns les autres, se distraire, dans la Maison de Famille, sous les yeux du prêtre dévoué qui en est le gardien, loin des sollicitations malsaines et des folles dépenses, font, à n'en pas douter, un premier acte de sagesse. Ne suffirait-il pas tout déjà à démontrer l'utilité d'une telle œuvre? Si je posais cette question aux parents dont les fils remplissent nos casernes, quelle que soit d'ailleurs leur opinion religieuse, la réponse serait invariable : il n'est aucune mère qui ne voudrait nous recommander son enfant!

Deux faits vont corroborer cette assertion :

L'an dernier, le père d'une jeune et très intelligente recrue du 28e dont je tairai le nom par discrétion, arrivait de Paris, se rendait directement à notre Maison de Famille et demandait à saluer M. l'Aumônier. Celui-ci étant absent, le visiteur chercha du moins à savoir si son fils fréquentait les réunions. La ménagère du logis ne put résoudre le problème. Mais voilà qu'en jetant les yeux sur le placard où les soldats s'inscrivent eux-mêmes, le père découvrit une heureuse affirmation. C'est avec une profonde et visible émotion qu'il partit aussitôt pour embrasser et féliciter son fils.

Plus près de nous, Cormeilles a fourni un soldat à la garnison d'Evreux. Ce jeune homme, de l'aveu de ses parents, commençait à se sentir moins d'attrait pour les douceurs du foyer. La fréquentation de l'Œuvre lui a été salutaire, ses parents sont tout à la joie de le retrouver docile et affectueux, ils ont voulu en porter le témoignage à leur vénéré Doyen et lui permettre d'exprimer hautement leur reconnaissance à Monseigneur, dans le rapport de la visite pastorale, le 15 juin dernier.

Au contact du prêtre, à la faveur de ce commerce quotidien entre lui et les habitués de la Maison de Famille, il semblerait donc qu'elles dussent renaître comme naturellement dans leur âme, les impressions suaves de l'enfance chrétienne, de la première communion et des grâces qui l'ont suivie. De là à un retour complet aux pratiques de la foi, il n'y aurait qu'un pas. Mais encore une fois, il est impossible de se dissimuler que ces jeunes gens qui font l'apprentissage de la liberté en même temps que celui du service militaire traversent une crise dangereuse. Pleins d'entrain et d'abandon alors qu'ils sont avec nous, pourquoi se laissent-ils déconcerter, au retour, par les sottes réflexions de camarades légers ou indifférents, ou par les mauvais propos des esprits forts d'une chambrée?

Pauvres grands enfants! le premier usage qu'ils font de cette liberté dont on est si fier et si jaloux quand on a vingt ans, c'est de l'abdiquer. Que ne leur tombe-t-elle sous les yeux, pour la méditer sans cesse, cette virile recommandation d'un officier supérieur à son fils : " Arbore ton drapeau tout de suite, afin que l'on sache qui tu es. Il faut qu'après vingt-quatre heures aucun de tes camarades n'ait un doute à ton sujet et ne se demande ce que tu penses; c'est l'unique moyen d'éviter les positions fausses et les engagements équivoques. — Sois chrétien simplement, mais franchement. — Parler comme on croit et agir comme on parle, voilà la meilleure logique du monde et celle qui produit toujours grand effet. — Pas de faiblesse surtout! *Quand on a l'honneur d'être chrétien, il ne s'agit pas de se faire pardonner ou tolérer, mais bien de se faire respecter.* N'aie pas peur de passer pour singulier. Voilà plus de quarante ans, pour ma part, que je suis très singulier et ni Dieu, ni les hommes, ne m'en ont puni! " [1] Je m'en voudrais à moi-même de vous avoir privés de cette citation : il est si bon de saluer au passage des hommes de caractère à une époque où ils deviennent si rar s.

Gardons-nous de toute exagération. Les jeunes gens de l'Armée sacrifient plus à la timidité, au respect humain, à l'insouciance de leur âge, aux maximes ambiantes, qu'à un parti pris d'impiété. L'initiative qu'ils se refusent à prendre pour réaliser les secrets désirs d'une conscience qui voudrait rester loyale à Dieu, ils l'attendent du prêtre. Mais lorsqu'il

[1] Mgr Sayvet : Vie du Colonel Pâqueron.

s'agit pour nous de faire vibrer en eux les généreux élans d'une âme naturellement chrétienne, vous ne serez pas surpris que nous y apportions les délicatesses et les tempéraments d'un zèle qui sait choisir le moment propice pour livrer l'assaut qui doit assurer la victoire.

Nous irons donc *pied à pied*, selon l'expression de S. Vincent, nous y reprenant sans cesse pour conduire ces âmes des distractions honnêtes et morales à la prière qui relève et purifie; de la prière à la sanctification du Dimanche et de là aux grâces précieuses des Sacrements. Tous ne franchiront pas ces quatre étapes; c'est prévu. Les uns, de retour au foyer, achèveront peut-être ce que nous aurons ébauché; ils y porteront, dans tous les cas, l'estime et le respect du prêtre et leur curé, tôt ou tard, récoltera ce que nous aurons semé. Les autres, les vaillants, viendront se désaltérer aux sources rafraîchissantes de la vie chrétienne et y goûter les charmes de la piété, d'une piété toute militaire, si j'ose dire, puisqu'il est de la nature de la piété d'être utile à tout et de s'adapter merveilleusement à toutes les conditions et à tous les devoirs. Si j'avais à la dépeindre, j'irais en chercher le type achevé jusque dans les camps et j'emprunterais pinceaux et couleurs à l'éminent historien de la vie du Général de Sonis. Son héros, car il le fut pour l'honneur de l'Eglise et de la France, avait, dit-il, " les ardeurs d'une piété de caractère le plus admirable comme le plus aimable : droite, franche, généreuse; allant ouvertement, sans relâche comme sans détour, jusqu'au bout de sa foi comme jusqu'au bout de ses devoirs. Avec cela, nulle ostentation, nulle bravade, la vérité en tout! "

Tel est le programme que nous avons suivi depuis trois ans. Vous avez pu juger de l'arbre à ses fruits.

Madame l'Amirale, l'enfant que vous avez adopté et dont vous avez reçu les premiers sourires, commence à sortir de ses langes; il va grandissant chaque jour sous vos regards attentifs. Bientôt les prêtres qui restent chargés de sa direction me permettront de vous faire admirer en lui, avec un fond de bonne volonté, les progrès qu'il fait devant Dieu et devant les hommes. Ce succès sera, je le sais, la plus douce récompense de votre incessant dévouement et le motif de notre respectueuse reconnaissance envers vous, comme envers tous ceux, si nombreux dans le diocèse et au dehors, qui, sans distinction de caste ni d'opinion, nous ont honoré de leur appui et de leurs libéralités.

Cette gratitude, nous la devons aussi, avec nos regrets, à ceux de nos bienfaiteurs que Dieu a rappelés à lui, au cours de cette année.

M. l'Abbé Guyot de Laval, Aumônier du fort de Vincennes, ancien Aumônier de la flotte, Vicaire général de la Guadeloupe, Chanoine honoraire de Paris et Officier de la Légion d'Honneur, décédé en Avril, à quatre-vingts ans, en pleine activité de service, nous appartenait comme il a appartenu à toutes les œuvres militaires. Il en était comme le Fondateur, ou tout au moins le guide éclairé et le défenseur habile. Il mettait à leur service son journal " *La France militaire et religieuse* ", ses brochures que j'appellerais volontiers dogmatiques, l'éclat d'une brillante carrière, la réputation d'une loyauté parfaite, une expérience que nul ne pouvait lui contester, l'estime profonde dont l'entouraient les plus hauts officiers de l'Armée et du Ministère de la Guerre. Les nombreux disciples du vieil aumônier resteront fidèles à ses traditions.

M. Paul Champy, manufacturier à Gisors, ancien Colonel du 22e territorial, Chevalier de la Légion d'Honneur, décoré de l'Ordre de Medjidié et de la médaille de Valeur militaire de Sardaigne, décédé le 5 Janvier, après de longs mois de souffrances supportées avec le courage et la résignation de la foi, avait bien voulu, à raison de son glorieux passé militaire, s'inscrire parmi les membres de notre Comité protecteur. On a dit de lui avec juste raison, que c'était un fier chrétien à qui restait l'âme d'un soldat.

Il était aussi des nôtres, *M. Léon Collas de Gournay* qui s'éteignit dans ce même mois de Janvier. Quand l'appel d'En

Haut se fit entendre plus tôt peut-être qu'il ne l'attendait et que ne l'attendaient les siens, il fut calme et doux envers la mort comme il l'avait été dans la vie. Lorsque l'on jouit de tous les bonheurs d'ici-bas, c'est sans nul doute un mérite devant Dieu de les quitter pour Lui, sans amertume, ni murmure.

Enfin, *Madame Fernet*, décédée à Evreux, s'intéressait à nous par des offrandes discrètement répétées. Elles n'ont point échappé au regard du Souverain Juge que nous avons prié d'accueillir dans les bras de sa miséricorde infinie ceux et celles qui ont édifié, avec nous, à sa plus grande gloire et pour le salut de l'Armée, les œuvres dont il nous tarde de vous révéler la vie intime.

II.

AU départ du 74ᵉ de ligne pour Rouen, il était à craindre que le 28ᵉ qui venait le remplacer à Evreux, ne connaissant point notre Maison de Famille, la laissât déserte pendant les premiers mois de séjour. Grâce à Dieu, il existe entre toutes les œuvres militaires une fraternelle solidarité. Nous avions muni nos jeunes gens de recommandations pour M. l'Aumônier militaire de Rouen; il avait usé à notre égard de la réciprocité.

Vous vous rappelez que, pour loger le billard, et l'harmonium que nous nous félicitons d'avoir acquis l'an dernier, il nous fallut dilater nos locaux, en les dotant d'une nouvelle salle spécialement réservée aux jeux. " Ainsi, disions-nous alors dans notre Rapport, la Maison s'est agrandie en proportion du nombre de ceux qui la fréquentent et il nous reste encore assez de place pour faire face aux éventualités. " Ces éventualités ne devaient pas tarder à se produire. Le Rapport n'était pas encore sous presse que déjà le nombre de nos habitués s'était accru dans des proportions telles que nous nous vîmes obligés de pourvoir à de *nouveaux agrandissements*, de vous en signaler la nécessité par une note spéciale, et d'appeler votre attention sur ces dépenses considérables qui allaient en résulter.

On se mit à l'œuvre au sortir de l'hiver, après avoir obtenu le consentement du propriétaire. Il ne s'agissait rien moins que de sacrifier la plus grande partie de la cour, et d'appuyer sur des murs existants, une solide construction en bois, qui n'a rien emprunté à aucun style. Nous avons agrandi du double la salle des jeux et créé une salle spéciale de correspondance et d'écriture assez spacieuse pour contenir vingt soldats; une dernière pièce a reçu une destination sur laquelle je m'étendrai tout à l'heure. Là où nous étions jadis à l'étroit pour loger cinquante soldats à la fois, nous en pouvons accueillir plus de cent, à la rigueur cent cinquante, grâce au système de cloisons mobiles des nouvelles salles. Nous avons dépensé *quinze cents francs* pour cette construction si utile.

Une autre innovation, qui nous tenait au cœur, s'est heureusement réalisée. Sans doute le Crucifix apparaît partout dans nos locaux pour rappeler silencieusement, mais éloquemment, à nos habitués le but que nous poursuivons. Mais dans une famille aussi nombreuse que la nôtre, ne se trouvet-il pas de ces âmes qui, après une soirée d'ailleurs bien employée, éprouvent le besoin de se recueillir et de prier autant pour obéir à la voix de la conscience que pour rester fidèles à des traditions qui leur sont chères? Nous leur devions cette satisfaction et nous la leur avons accordée avec une grande joie. La dernière des nouvelles salles a donc été consacrée à un *Oratoire* intime, comme étant la mieux appropriée à cette destination. — Il m'a suffi d'évoquer, auprès du digne et vénéré Curé de Notre-Dame-des-Victoires de Paris, M. l'Abbé Chevojon, le souvenir d'un neveu, mon condisciple et mon ami, ravi à son affection dans la fleur de son sacerdoce, pour qu'aussitôt il nous fit don d'une magnifique statue de Notre-Dame-des-Victoires. Le vocable de l'Oratoire était trouvé : nul autre ne lui pouvait mieux convenir. Les murs de notre petit sanctuaire de famille sont tapissés de draperies; son autel, tendu de velours rouge à broderies d'or, est surmonté de la Croix et de la statue de notre glorieuse Patronne qui apparaît toute rayonnante de miséricorde et d'amour, sous un gracieux baldaquin. — Son Altesse Royale Monseigneur le Duc de Nemours, Mesdames la Baronne de la Roncière, Émile Hébert, la Marquise de Fayet, Xavier des Vosseaux, la Comtesse de Maistre, Abaye, la Marquise de Chambray, Mesdemoiselles de la Roncière et Durand, M. l'Abbé de Luchapt, et deux dons anonymes dont l'un par l'entremise de M. l'abbé

Amette, Archidiacre de Pont-Audemer, nous ont aidés à décorer ce sanctuaire, dont l'ameublement liturgique est encore très incomplet.

Peut-être quelques-uns de nos souscripteurs jugeraient-ils, de loin, que notre organisation ne laisse plus rien à désirer et qu'il nous suffira désormais de faire face aux frais de location et d'entretien de la Maison de Famille. Nous avons cependant à leur montrer de nouveaux stimulants pour leur zèle et leur sollicitude, à savoir : la peinture de nos salles et l'acquisition des objets du culte nécessaires à l'Oratoire. Oh! nous le déclarons en toute sincérité, nous voulons partout la propreté, la décence, et même le confortable. Ne faut-il pas que le soldat qui pénètre chez nous ait aussitôt, par un simple coup d'œil, la révélation du milieu dans lequel il vient chercher asile en son temps libre? qu'il ne puisse faire aucun rapprochement entre les salles de taverne ou de brasserie et celles que nous mettons à sa disposition? qu'il s'élève enfin par l'ordre qui frappe ses regards et son esprit au-dessus de tout ce qui est bas et vulgaire?

Nous vous étonnerions, sans doute, si nous ne constations l'assiduité de nos jeunes gens au billard, aux jeux divers, à la salle de correspondance et d'écriture. Ce n'est point non plus sans raison que nous avons réservé une de nos plus belles pièces à la *bibliothèque*. Nos trois cents volumes ont été reliés en partie, par suite de fatigue; c'est une preuve qu'ils ont passé en bien des mains déjà. Pour les mettre plus à la portée des nombreux lecteurs, nous les avons classés dans un meuble ad hoc. Cette petite bibliothèque peut s'enrichir encore de nouveaux livres ou de nouvelles revues pourvu qu'ils soient intéressants et moraux et qu'ils ne nous introduisent pas dans le domaine de la politique. Nous devons ici un remercîment tout spécial à M. L. de la Brière qui a eu l'aimable attention de nous faire hommage de plusieurs de ses ouvrages.

L'harmonium a obtenu, dès son apparition, les faveurs de nos musiciens et de nos chanteurs, moins dans un but profane toutefois, qu'en vue de donner plus de solennité à la MESSE MILITAIRE. De fait, cette Messe a été plus suivie, depuis que les soldats s'y sont intéressés par le chant. Il y a, chaque semaine, une ou plusieurs répétitions des hymnes, motets ou cantiques qui doivent être chantés le Dimanche suivant, et dont l'indication reste affichée dans la salle. Ces chants varient suivant le temps liturgique et le degré des fêtes. Des voix remarquables se font entendre aux grandes solennités; nous avons aussi quelques organistes de talent et des violonistes. Mais il y a de la part de tous beaucoup de bonne volonté et d'entrain. Si ces chants varient, plus variable encore est l'assistance. Il n'en peut être autrement. Pour en juger, il suffit de considérer le nombre des permissionnaires du samedi; le train qui emporte une notable partie de la garnison, nous enlève, dans la même proportion, ceux sur lesquels nous pouvions compter. Les restants se partagent entre notre chapelle, les églises de la ville, et ...... la caserne, car il y faut des hommes de garde et il s'y trouve des consignés et des indifférents. Le Célébrant n'est pas trop fier quand, en se retournant, il aperçoit à peine quinze on vingt soldats devant les rangs des officiers; mais s'il se rappelle qu'il en a vu quarante, soixante et même cent, il se reprend à espérer et continue son apostolat avec autant de sérénité que s'il lui était donné de contempler dragons et fantassins remplissant la chapelle.

Mais il est temps d'aborder le récit de nos fêtes, qui ont eu cette année un éclat vraiment exceptionnel.

Nous avions organisé pour la soirée de Noël une superbe tombola. Les lots affluaient. Mme la Comtesse de Viel-Castel dont l'envoi ne comprenait pas moins de deux à trois cents pipes très originales, Mme l'Amirale et Melle de la Roncière, Mme et M^elles Lecœur, Mme Euchène, Mme la Comtesse de Maistre, Mme et Melle Cochin, Mme de Lestanville, Mme Hommet, Mme Ducy, et plusieurs Associés de N. D. des Armées, nous avaient gracieusement aidés. A neuf heures, nous comptions plus de soixante soldats dans nos salles et *Monseigneur l'Evêque* y faisait son entrée. Le plus ancien gradé donna le signal du salut militaire, l'harmonium fit entendre une marche, puis, au milieu du silence général :

" Monseigneur, dit un de ces jeunes gens, je ne veux être que l'interprète de mes camarades, fantassins et dragons, pour vous exprimer les sentiments de reconnaissance dont nos cœurs sont pénétrés envers Votre Grandeur.

" Déjà, Messieurs les Aumôniers nous avaient appris le bienveillant intérêt que Vous portez aux soldats de la garnison : cette maison que Vous leur avez ouverte en est un témoignage incontestable. Mais voilà que Vous daignez prendre place au milieu de nous et présider à cette soirée où tout a été mis en œuvre pour nous rappeler les douceurs du foyer paternel. Quand nos familles apprendront tout ce que nous devons à Votre bonté, elle n'auront qu'une voix pour Vous dire avec nous : merci, Monseigneur!

" Le soldat français a du cœur; il n'a aussi qu'une parole; nous Vous promettons donc, Monseigneur, de venir nombreux dans cette Maison que nos Aumôniers veulent agrandir encore et de nous serrer de plus en plus à notre Messe militaire, le Dimanche. On nous a dit que Votre Grandeur avait assisté à cette Messe pour encourager nos devanciers; nous prenons la liberté de Vous demander dès maintenant la même faveur et les mêmes bénédictions. "

Rien de plus récréatif que le tirage de la tombola. Chaque numéro gagne et nos hôtes en ont quatre et même cinq ou six entre les mains. Les lots sont variés : porte-monnaie, portefeuilles, blagues, brûle-cigares, pipes, brosses, peignes, mouchoirs, chaussettes, savons parfumés, en un mot tout ce que peut comporter de luxe le modeste bagage du soldat, sans compter les croquettes de chocolat et les délicieux fondants qui se consomment sur place, entre camarades.

Puis, l'Assemblée chanta de vieux Noëls, avec accompagnément d'harmonium et de violon. C'était de circonstance, mais la soirée s'avançait et Monseigneur dut se retirer, non sans avoir loué le bon esprit, la tenue et les sentiments chrétiens de nos jeunes gens. — Soixante-treize assistèrent à la Messe de minuit, à la chapelle Saint-Joseph; sur ce nombre, quinze firent pieusement la sainte communion. — Après le cantique d'actions de grâces, tous revinrent à la Maison de Famille où une dernière et très agréable surprise leur avait été ménagée par Mme l'Amirale et par M. et Mme Joseph L'Hopital : sur toutes les tables une série de sachets contenant une orange, un gâteau de Noël, quelques pâtisseries et bonbons, et, devant chaque sachet, une tasse de thé au rhum. L'heure du retour à la caserne ne tarda pas à sonner, la permission n'allant pas au-delà de deux heures. Tout a été bien employé : Dieu a dû être content. Que cette pensée est consolante pour le cœur inquiet des mères !

A la veille du nouvel an, un pli, orné de faveurs, fut remis à Monseigneur. C'était une lettre collective couverte de soixante et onze signatures. Les nobles cœurs qui avaient pris cette initiative semblaient s'excuser auprès de nous d'avoir trop tardé : " nos camarades eussent tous voulu souscrire à la manifestation de nos sentiments ! " —

" Monseigneur, écrivaient-ils, profondément touchés des attentions paternelles dont les entoure Votre Grandeur, les soldats de la Maison de Famille d'Evreux saisissent avec joie l'occasion que leur offre le premier jour de l'An, pour Lui exprimer les sentiments de respect filial, de reconnaissance et de dévouement qui les animent à Son égard.

" Ils prient Votre Grandeur de vouloir bien agréer en même temps leurs vœux les plus sincères de bonheur, et demandent à Dieu de conserver longtemps à leur affection, comme à celle du diocèse tout entier, le Pasteur qui veille avec une telle sollicitude sur tous ses enfants, au nombre desquels nous nous trouvons heureusement rangés. "

Presque toujours nos fêtes ont deux parties : l'une religieuse; l'autre récréative. La Messe de la *fête de S. Joseph* fut aussi solennelle que le pouvait comporter son incidence au Dimanche de la Passion. Dans l'après-midi, nous devions inaugurer les nouvelles salles qui venaient d'être achevées. Les honneurs de cette inauguration appartenaient à Monseigneur et à M. le Général Marin. Nos illustres hôtes avaient à leurs côtés M. le Vicaire général Lenormand et M. le Chanoine Pichou. Le nouveau local était magnifiquement décoré de tentures et de trophées de drapeaux. Au fond, se dressait une scène, montée de toutes pièces, avec une rare habileté, par mon cher confrère. Quant aux soldats, ils étaient un peu partout; la maison en était pleine. Nos artistes (nous les avions choisis tous dans notre élément militaire, ou pour mieux dire, ils s'étaient entendus entre eux) ont été bien au-dessus de ce qu'ils espéraient eux-mêmes, alors que le service ne leur avait guère permis qu'une ou deux répétitions générales. Piano, harmonium, violon, morceaux religieux, poésies, romances, monologues nous ont fait passer avec charme du grave au doux, du plaisant au sévère. La comédie du " *Sourd ou de l'auberge pleine* " a été, malgré quelques hésitations de mémoire, fort bien interprétée. Avant de nous quitter, M. le Général, se tournant vers nos jeunes gens, s'est plu, dans un langage élevé, à leur montrer les avantages de la fréquentation de notre Maison de Famille, au double point de vue du patriotisme et de la foi. C'était le commentaire très noble de notre devise, la plus haute consécration de la légalité de notre œuvre, la meilleure récompense de nos efforts.

Déjà nos soldats allaient se séparer, quand je montai sur la scène. Une curiosité bien naturelle les groupa devant moi; c'est ce que je souhaitais. De cette chaire, qui semblait ne guère se prêter à l'usage que j'en faisais, je leur jetai un chaleureux appel à suivre les *exercices préparatoires à la communion pascale.*

Ces exercices devaient avoir lieu chaque soir de la semaine dans la chapelle S.-Joseph, sous la présidence de M. le Chanoine Pichou qui avait bien voulu nous assurer le concours de sa parole claire, originale et pratique. S'ils n'ont pas été suivis au gré de nos désirs, c'est que nous nous sommes heurtés, de notre côté, à des tâtonnements sur la fixation de l'heure, et du côté des soldats à des marches de nuit. Notre reconnaissance envers M. le chanoine reste entière : nous avons eu, au temps des Pâques, quelques retours qui nous ont consolés et des communions, assez nombreuses encore, à la chapelle et dans les églises de la ville, sans compter celles qui ont été faites au foyer natal. Loin de renoncer à de nouvelles tentatives, nous profiterons de l'expérience, en avançant ces exercices à la quatrième semaine de Carême, comme cela se pratique à Paris et ailleurs et en n'obligeant pas nos soldats à des allées et venues que nous pouvons ne pas redouter, mais qui appelleraient sur eux et sur nous une attention que nous voulons ne pas provoquer.

Le Dimanche des Rameaux, MM. les Colonels des deux Corps de la garnison et plusieurs de Messieurs les Officiers supérieurs vinrent dans l'après-midi, sur l'invitation expresse que nous leur en avions faite, visiter la Maison de Famille. Nos soldats et nos artistes s'empressèrent autour de nous pour les recevoir et pour les fêter. — La soirée devait se terminer par la *bénédiction de l'Oratoire*. Avant la cérémonie qu'il présidait avec sa bonne grâce habituelle, M. l'Abbé Amette, Vicaire général, prit la parole. On ne pouvait mieux présenter les convenances et l'opportunité de ce sanctuaire intime que nous allions ouvrir à nos jeunes gens. Aussi pensons-nous être agréables à nos souscripteurs en leur livrant quelques échos fidèles de cette éloquente allocution, à la suite de notre Rapport[1]. — Les rites sacrés s'accomplissent, les cantiques en l'honneur de la Divine Mère éclatent sous nos modestes voûtes; puis dans un profond recueillement nos soldats font ensemble, comme au foyer de leur jeunesse, la prière du soir. L'usage en est établi maintenant; quand approche l'heure du départ, l'Oratoire s'ouvre et nos chers jeunes gens épanchent leur âme, avec ses sollicitudes, aux pieds de celle que l'on n'invoque jamais

[1] Voir à la page 46.

en vain. Nous les laissons s'acquitter eux-mêmes de ce devoir et nous avons constaté qu'il leur est doux de le remplir, après les labeurs et les petites épreuves de la journée.

Le Dimanche 28 Mai, nous célébrions *la fête de Notre-Dame des Armées.* Quarante-deux drapeaux réunis en trophées, avec les écussons aux armes de la Ville, tapissaient les murs de la chapelle Saint-Joseph; le maître autel et la statue de Marie étaient ornés de lumières et de gracieux massifs de verdure et de fleurs. Il allait donc se réaliser ce vœu de nos soldats à leur Evêque : "on nous a dit que Votre Grandeur avait assisté à la Messe militaire pour encourager nos devanciers; nous prenons la liberté de Vous demander dès maintenant la même faveur et les mêmes bénédictions. " — Monseigneur vint en effet, assisté de M. l'Abbé Odieuvre, ancien Aumônier militaire, chevalier de la Légion d'Honneur, et de M. l'Aumônier de l'Hospice civil et militaire. Après l'évangile, Sa Grandeur se plut à tirer de son cœur une instruction que je n'ai point à louer, pleine de conseils pratiques, dont nos soldats garderont longtemps le souvenir. Nos souscripteurs ne pardonneraient point à notre piété filiale de négliger l'insertion de cette allocution dans notre Rapport.[1]

Le soir de ce beau jour, il y avait grande animation dans la Maison de Famille. L'annonce d'une nouvelle tombola portait la joie dans tous les cœurs et sur tous les fronts. Pour ne point nous répéter nous dirons que les lots provenaient des envois de M. le Général et de Madame Marin, de MM. les Officiers supérieurs et de leurs familles, de plusieurs dames du Comité et de l'Association de Notre-Dame des Armées dont je suis dispensé de citer les noms, puisqu'il en est, sur ce terrain, comme sur le champ de bataille : " *ce sont toujours les mêmes qui se font tuer*"; mais je ne veux point oublier cependant Madame la Supérieure des Ursulines. Pour varier les plaisirs, nous avons fait appel au concours des artistes qui se pouvaient trouver à la réunion. Il s'en est révélé, à la satisfaction générale.

[1] Voir à la page 48.

Dans les œuvres, il faut bien s'étudier à tirer parti de tous les éléments qui les composent.

La saison d'été, qui est l'époque des marches, des grandes manœuvres, du départ de la classe, clot la série de nos fêtes. Notons toutefois un petit incident qui m'a charmé au loin. Mon collègue faisait pieusement sa retraite au commencement d'Octobre. Je ne sais comment ni par qui le calendrier fut consulté certain soir. Or, on était presque à la veille de la fête de saint Bruno. Le lendemain, M. le Chanoine fit son tour habituel dans nos salles avant de regagner sa cellule. Mais voilà qu'un de nos jeunes habitués, un sergent (excusez du peu) s'avance vers lui, un énorme bouquet à la main. Un autre, que nous appellerions volontiers le pilier de la Maison, lui exprime dans une adresse poétique et fleurie les sentiments de reconnaissance dont tous sont pénétrés à son égard. Je ne sais ce qu'à répondu M. Bruno, ou plutôt s'oubliant lui-même comme toujours, il s'est plu à reporter sur nos bienfaiteurs les attentions dont il était l'objet et à présenter à nos soldats M. l'Abbé de Maistre, secrétaire de l'Œuvre, qui leur est déjà tout dévoué. Selon de respectables traditions, un toast fut porté à la prospérité de la Maison de Famille. Dieu seul peut l'accorder ; aussi voulut-on se réunir dans l'Oratoire décoré et illuminé pour la circonstance, au chant de l'Hymne des saints Confesseurs, pour implorer des grâces et des bénédictions de choix.

Pendant l'année qui s'est écoulée au 31 Octobre, *cinq cent vingt soldats* ont paru dans nos salles ; *trois cent soixante-cinq* les ont plus régulièrement fréquentées. C'est un progrès très sensible si on compare ce chiffre avec ceux des deux premières années, et avec l'effectif de notre garnison. Ces trois cent soixante-cinq soldats ont fourni une totalité de *8, 200 présences*, ce qui constituerait une moyenne régulière de 22 par soirée. Mais, nous l'avons dit, une distinction s'impose entre l'hiver et l'été, à ce point de vue. Il s'est rencontré soixante, soixante-dix soldats et quelquefois plus dans les soirées d'hiver. Jusqu'ici les dragons plus occupés que les fantassins n'avaient guère donné que dans une proportion de $^1/_8$ en hiver et de $^1/_5$ en été. Mais il y a pour le moment une heureuse recrudescence de part et d'autre; le succès s'affirme encore et les dragons y entrent au moins pour moitié. Tout a donc grandi autour de nous, tout a monté : ce n'est plus la saison des germes, c'est celle des développements et des épanouissements.

La garnison a été heureusement beaucoup moins éprouvée par la maladie que l'an dernier. Nous avons fait quelques visites à l'Hospice et nous avons eu la satisfaction de remettre à M. l'Aumônier, pour la Noël, *sept* bons tricots de laine que nous devions aux attentions de Sa Grandeur et de Madame Vauquelin, ainsi que quelques secours destinés à être employés à l'achat de linge de santé pour ceux des soldats souffrants et pauvres qui en seraient dépourvus.

Nos morts n'ont point été oubliés : des Messes ont été célébrées pour le repos de leurs âmes, à la chapelle Saint-Joseph, où nous avons également prié pour les victimes de nos expéditions lointaines, et pour tous les membres de l'Armée décédés au cours de l'année.

Nos dépenses se sont élevées à *5,073 frs.* Chacun des jeunes gens qui ont fréquenté notre Œuvre nous a donc coûté *13 frs. 89 cent.*, par an, soit en moyenne à peine *quatre centimes* par soirée! Oui, *quatre centimes* pour essayer de préserver une âme! Ce n'est pas nous qui encourrons ce reproche d'un vaillant : " Les âmes, quelle grande chose elles sont; et cependant, le siècle où nous vivons leur accorde si peu de place! "

Si généreux et si constant que soit votre appui, Mesdames et Messieurs, si persévérants que puissent être nos efforts, notre action commune resterait inféconde sans le secours d'En Haut. C'est pour l'obtenir, non seulement en faveur de notre Œuvre, mais pour les garnisons du diocèse et pour tous les fils des familles qui le composent, appelés sous les drapeaux, que nous avons fondé *l'Association de Notre-Dame des Armées.* Son rôle a été admirablement compris. Elle va se développant chaque jour. Nous comptions l'an dernier 477 associés ; nous en avons relevé *1826* au 31 Octobre et je sais que le chiffre de *2000* est de beaucoup dépassé maintenant. (¹)

Les Zélateurs ou des Zélatrices, établis dans vingt-deux paroisses, font rayonner leur action partout dans le diocèse. De leur côté nombre de MM. les Curés ont profité de la Messe du départ ou d'autres solennités pour recommander aux familles l'Association diocésaine. Qu'il nous soit permis de les remercier publiquement des heureuses inspirations de leur bienveillance.

Les trois Pensionnats de la Ville épiscopale ont fait inscrire leurs élèves. C'est un bon exemple qui a été suivi à Pont-Audemer et qui se propagera ailleurs encore. Mères et Maîtresses ont compris qu'une jeune fille est toujours à sa place, à un rang très distingué, dans un apostolat qui est tout de piété.

Nos grandes Institutions de jeunes gens, au complet, nous ont apporté un concours que nous ne saurions trop estimer. Le Grand séminaire, le Petit séminaire de St-Aquilin, celui de Pont-Audemer, l'Ecole libre de saint François de Sales et le Collège d'Ecouis nous ont, en effet, envoyé de longues listes et de belles offrandes. Nous nous réjouissons de cette union de prières entre les jeunes gens qui aspirent à franchir les degrés du sanctuaire et ceux qui se destinent à des carrières libérales. Et, puisque les uns et les autres passeront un temps plus ou

---

(¹) Vingt-six fois le Saint-Sacrifice a été offert aux intentions de l'Association et pour demander à Notre-Seigneur de bénir et de protéger tous ses membres.

Les Messes de l'Association sont annoncées dans la *Semaine Religieuse*, afin de permettre à nos Associés de s'unir à nous par la prière et de nous envoyer les *intentions* qu'ils voudraient spécialement recommander aux suffrages des assistants.

Nous serions aussi reconnaissants aux Zélateurs et aux Associés s'ils avaient la charité de nous prévenir des décès qui, à leur connaissance, se produisent dans leurs rangs.

moins long sous les drapeaux, je me crois autorisé à leur citer, à titre de cordial souvenir, la fière résolution d'un des élèves les plus brillants du Collège de Ste Geneviève : " Devenir un militaire brave comme la lame de son épée ; chrétien comme ces hommes d'ancienne roche, d'une moralité exemplaire : voilà l'idéal que je poursuis et qui remplit toutes mes espérances. " Ainsi s'exprimait Henri de Falaiseau. La foi seule avait pu lui montrer cet idéal qui reste digne de la jeunesse catholique.

Ma tâche est achevée. — Mes successeurs continueront à se pencher avec tendresse sur les esprits et les cœurs des chers jeunes gens que la Providence leur enverra, pour y porter la lumière et la force ou pour en guérir les blessures. Pour moi, que d'autres devoirs éloignent, je me rencontrerai fidèlement, avec eux, chaque jour, au *memento* de l'autel. Et quand ma pensée se reportera sur les œuvres que j'aimais, je repasserai dans le silence de mon âme ces paroles par lesquelles je terminais mon premier Rapport : " Je mets toujours le cap de mon navire vers le bon Dieu. Quels que soient les vents qui soufflent, favorables ou contraires, je maintiens ma direction, car, après tout, c'est à ce port-là que je veux aborder ! " (*De Sonis*).

Œuvre Militaire d'Evreux.

PRÉSIDENT D'HONNEUR :
S. G. Monseigneur l'Evêque.

Présidente Générale : MADAME L'AMIRALE BARONNE DE LA RONCIÈRE-LE NOURY.

Vice-Présidentes : MADAME LA COMTESSE DU MANOIR. MADAME LA GÉNÉRALE PELLÉ.

Directeur : M. LE CHANOINE BRUNO, SECRÉTAIRE GÉNÉRAL DE L'ÉVÉCHÉ, — 36, RUE DE LA PETITE CITÉ.

Secrétaire : M. L'ABBÉ RAPHAEL DE MAISTRE, A ÉVREUX.

Toutes les Communications, au sujet de l'Œuvre, doivent être adressées à M. le Directeur.

Membres des Comités de l'Œuvre.[1]

COMITÉ PROTECTEUR:

Membres Fondateurs :[2]

Messieurs : le Duc DE BROGLIE, Membre de l'Académie Française.

CHAUVEL, Conseiller Municipal d'Evreux.

l'Abbé COLOMBAIN, Chanoine honoraire d'Evreux et de Chambéry, ancien Directeur des deux Œuvres.

Joseph L'HOPITAL.

Louis PASSY, Député de l'Eure.

Thinon DE LA TROCHE, Capitaine de cavalerie en retraite.

le Comte DE VAUGIRAUD.

---

[1] Les Membres des Comités se réunissent chaque année, en *Assemblée Générale*, à l'Evêché, sous la présidence de Monseigneur, pour entendre la lecture du Rapport et approuver les Comptes.

Cette réunion est fixée à la fin de Novembre ou au commencement de Décembre, à la convenance de Sa Grandeur et de Madame la Présidente générale.

Les invitations imprimées sont adressées, par les soins de M. le Directeur, à chacun des Membres des Comités, ainsi qu'aux Zélateurs et Zélatrices de l'Association de N. D. des Armées et aux personnes de la ville et du diocèse qui s'intéressent aux Œuvres.

[2] Les *Membres Fondateurs* versent une *souscription annuelle de cent francs*, qu'elle soit leur offrande personnelle ou le résultat des souscriptions recueillies par leurs soins.

Dames Patronnesses. [1]

Mesdames :   ABAYE.

DE CAPTOT.

la Duchesse DE CLERMONT-TONNERRE.

Paul FIRMIN-DIDOT.

la Vicomtesse ESTÈVE.

la Marquise DE FAYET.

Emile HÉBERT.

la Comtesse DE MAISTRE.

la Comtesse DU MANOIR.

la Générale PELLÉ DE PORTZAMPARC.

la Baronne DE LA RONCIÈRE-LE NOURY.

Marguerite DE LA RONCIÈRE-LE NOURY.

VAUQUELIN.

Elisabeth DE VOISINS-LAVERNIÈRE.

Souscripteurs annuels : [2]

Mesdames :

la Comtesse Marthe D'ALBU-FÉRA.

A. DES ALLEURS (château de Nassandres).

DES ALLEURS (château de la Pommeraye).

la Vicomtesse D'ASSAILLY.

la Comtesse D'AUTEMARRE-D'ERVILLÉ.

Fernand BAGOT.

BAILLY.

BARABBÉ.

Emile BARAGUEY.

BIDAULT.

---

[1] Les *Dames Patronnesses* versent une *souscription annuelle de cent francs*, qu'elle soit leur offrande personnelle ou le résultat des souscriptions recueillies par leurs soins.

[2] Les *Souscripteurs annuels* versent *une* ou *plusieurs souscriptions* de *dix francs*.

Les offrandes moindres seront bien accueillies. Nous serons toujours heureux de la part qui nous sera faite dans les largesses des personnes qui daignent s'intéresser à notre Œuvre.

la Comtesse Edmond DE BLAVETTE.

E. BOISARD.

Georges BONJEAN.

la Comtesse DE BOSTENNEY.

la Comtesse DE LA BOUR-DONNAYE-BLOSSAC.

l'Amirale BOURGOIS.

la Marquise DE BOURY.

la Comtesse DE BOURY.

l'Amirale BRUAT.

DE BUHOREL.

la Comtesse douairière DE BUREY.

la Comtesse DE BUREY.

la Marquise DE CAULAIN-COURT.

la Marquise DE CHAMBRAY.

Paul CHAMPY.

CHEVALIER.

la Comtesse DE CORNULIER.

la Comtesse Charles DE COSSÉ-BRISSAC.

Gabriel DE COURCY.

la Comtesse DE LA CROIX-DE LA NOUGARÈDE.

la Comtesse CRUCIUS DE LA CROIX.

Camille DÉSABIE.

la Comtesse DESSON De St-AIGNAN.

Ch. DOUILLET.

DROUARD.

Paul DUFLOT.

ÉLIE.

Joseph EUCHÊNE.

la Vicomtesse DE FAVIÈRES.

Paul FÉART.

la Comtesse MATHIEU DE FOSSEY.

Philémon FOUQUET.

Paul GASSE.

GAZAN.

GESLIN.

DE GIRARD-DE LA CHAISE.

la Comtesse TITAIRE DE GLATIGNY.

la Baronne DE GUÉNIFEY.

J. DE GONCOURT.

Léon Collas DE GOURNAY.

Geoffroy DE GRANDMAISON.

DE GRAVERON.

DE LA HAYE-JOUSSELIN.

D'HEUDIÈRES.

HOMMET.

Henry L'HOPITAL.

Joseph L'HOPITAL.

la Baronne DE LA HOUGUE.

D'IMBLEVAL.

IZARN.

DU BOIS DE JANCIGNY.

JOIN-LAMBERT.

LABBÉ.

E. LAMY.

LAUTOUR.

LECŒUR.

LEFEBVRE-DIBON.

LE FRANÇOIS.

Ch. LE FRANÇOIS.

LENOBLE.

F. DE LESTANVILLE.
G. DE LESTANVILLE.
LETELLIER-PÉTEL.
Ernest LEVÉ.
Albert LUCAS.
la Marquise DE MAUDUIT.
Paul MÉRY DE BELLEGARDE.
Robert MÉRY DE BELLE-GARDE.
MESNIL.
la Comtesse DU MESNIL DU BUISSON.
la Baronne douairière DE MONTIGNY (décédée).
la Baronne DE MONTIGNY.
la Baronne DE LA BARRE DE NANTEUIL.
la Vicomtesse DE LA BARRE DE NANTEUIL.
NEVEU.
la Vicomtesse DE NOÜE.
NOUVEL.
PARENT DU CHATELET.
A. PATUREL.
la Vicomtesse DE PETITEVILLE.
Armand PEYNAUD (décédée).
PINEL.
Guillaume DE POSTEL DE LENTEUIL.
Raymond DE LA POTERIE.

Alfred DE LA POTERIE.
la Marquise DE PREAULX.
H. RAYNAUD.
Paul RÉVEILHAC.
la Comtesse DE REISET.
RIGAULT.
DE RONCERAY.
la Comtesse DE ROSTOLAN.
ROUSSEL.
ROUTIER DE MAISONVILLE.
SAILLARD.
Georges SALET.
la Marquise DE SAYVES.
Georges DE SEGUIN.
la Baronne DE SERLAY.
SOREL.
la Vicomtesse DE LA TAILLE DES ESSARTS.
TAILLANDIER.
TASTEMAIN.
Paul THONISSEN.
TOTAIN.
Paul TRUTAT.
la Vicomtesse LE VAILLANT DE GLATIGNY.
la Comtesse DE VAUGIRAUD.
la Comtesse DE VIEL-CASTEL.
la Baronne DE VIGAN.
Xavier DES VOSSEAUX.
L. YVERT.

Mesdemoiselles :

DE BUHOREL.
CHAUVEAU.
COCHIN.

DAUGER.
DIVAY.
FÉRAY.

V. DE LESTANVILLE.
M. MALLET.
DE POSTEL.

THIÉBAUD.
DE VAUGIRAUD.

Messieurs :

Le Révérendissime ABBÉ DE LA GRANDE TRAPPE.
ABAYE.
le Comte D'AUTEMARRE D'ERVILLE.
Émile BARAGUEY.
BLIGNY.
Georges BONJEAN.
Achille BOULOUSE.
le Comte DE LA BOURDON-NAYE-BLOSSAC.
le Marquis DE BOURY.
le Comte DE BOURY, Conseiller général.
le Comte DE BUREY.
le Marquis DE CHAMBRAY, Conseiller général.
COCHIN.
le Comte Charles DE COSSÉ-BRISSAC.
Gabriel DE COURCY.
le Comte DAUGER.
Aimé DELAPORTE.
Ch. DOUILLET.
Paul DUFLOT.
Paul GASSE.
Geoffroy DE GRANDMAISON.
DE GRAVERON.
le Vicomte DE GRENTE.
le Baron DE GUENIFEY.

le R. P. HAVRET, Recteur de l'École libre S. François de Sales.
D'HEUDIÈRES.
Louis D'HEUDIÈRES.
le Baron DE LA HOUGUE.
HUET.
DU BOIS DE JANCIGNY.
JOIN-LAMBERT, Conseiller général.
E. LAMY.
LANCELEVÉE.
LAUTOUR.
LEFÈVRE.
LETELLIER-PÉTEL.
F. DE LESTANVILLE.
Ernest LEVÉ.
Albert LUCAS.
l'Abbé DE LUCHAPT, (décédé).
le Comte DE MAISTRE.
Albéric DE MARE.
le Marquis DE MAUDUIT.
le Comte DE MAUPEOU.
Paul MÉRY DE BELLEGARDE.
Robert MÉRY DE BELLE-GARDE.
le Comte DU MESNIL DU BUISSON.
le Baron DE MONTIGNY

MORIN-OUIN.

le Baron DE LA BARRE DE NANTEUIL.

le Vicomte DE LA BARRE DE NANTEUIL.

S. A. R. Monseigneur le Duc DE NEMOURS.

le Vicomte DE NOÜE.

NOUVEL.

PARENT DU CHATELET.

le Vicomte DE PETITEVILLE, Consul général.

Armand PEYNAUD.

DE PORTZAMPARC.

Guillaume DE POSTEL DE LENTEUIL.

PRIEUR.

le Comte DE REISET.

RÉNEL.

Paul RÉVEILHAC.

le Comte DE ROSTOLAN.

ROUTIER DE MAISONVILLE.

Georges SALET.

le Marquis DE SAYVES.

le Baron DE SERLAY.

le Vicomte DE LA TAILLE DES ESSARTS.

Paul THONISSEN.

Paul TRUTAT.

le Baron DE VIGAN.

Xavier DES VOSSEAUX.

N. B.— Certaines offrandes nous sont parvenues sous le couvert de l'*Anonyme*. Nous tenons à en exprimer ici même notre reconnaissance aux donateurs discrets, parmi lesquels nous sommes heureux de compter nombre de prêtres du Diocèse.

II. — COMITÉ PAROISSIAL : [1]

Président : M. l'ARCHIPRÊTRE de la Cathédrale.

Vice-Présidents : MM. le DOYEN de St Taurin.

le Comte DE MAISTRE, Président de la Société de la Croix Rouge Française.

Membres : MM. le *Directeur* de l'Œuvre.

le *Secrétaire* de l'Œuvre.

l'Abbé ODIEUVRE, ch. h., ancien Aumônier Militaire.

l'AUMÔNIER de l'Hospice civil et militaire.

le CURÉ de Navarre-Evreux.

DE PORTZAMPARC, Commandant en retraite.

M^es : la *Présidente générale* de l'Œuvre.

la Générale PELLÉ.

la Comtesse DE MAISTRE.

DE PORTZAMPARC.

Melle Marguerite DE LA RONCIÈRE-LE NOURY.

---

[1] Le Comité paroissial peut être appelé à se réunir une ou plusieurs fois l'an si les intérêts et la direction de l'Œuvre l'exigent. M. le Directeur en réfère à Monseigneur l'Evêque et à Madame la Présidente générale, avant de convoquer le Comité. Les décisions de ce Comité ne concernent que la marche de l'Œuvre au point de vue paroissial. La solution des questions d'administration générale appartient à la Réunion annuelle des Membres des Comités.

Comptes de l'Œuvre Militaire.

EXERCICE 1892-1893.
Du 1ᵉʳ Novembre au 31 Octobre.

Recettes.			*Dépenses.*		
Excédent des Recettes 1891-1892	frs.	209.05	Loyer	frs.	1.000.00
Don particulier de Monseigneur	"	250.00	Chauffage	"	61.50
De la Grande Chartreuse	"	100.00	Eclairage	"	350.65
Du Comité des Œuvres Militaires	"	100.00	Fournitures de bureau et timbres-poste pour la correspondance des soldats	"	410.00
De l'Association de S. F. de Sales	"	200.00	Entretien des jeux et du mobilier	"	482.15
De l'Œuvre des Campagnes	"	100.00	Tombolas et fêtes de l'Œuvre	"	130.65
De l'Association de N. D. du Salut	"	200.00	Construction de la *Nouvelle Salle*	"	1.471.40
Souscription des Comités	"	3.827.60	Ameublement de *l'Oratoire*	"	594.45
Sous-location des Mansardes à la Croix Rouge Française	"	100 00	Secours en lingerie de santé aux soldats malades et pauvres	"	20.00
Sous-location du 1ᵉʳ étage à M. le Chanoine Bruno	"	200.00	Gratifications et service de la Maison de Famille	"	203.00
Total des Recettes.	frs.	5.286.65	Abonnements aux Revues militaires	"	13.25
			Frais relatifs au service religieux	"	63.25
			Imprimés divers (Circulaires, Invitations, Rapport); frais de correspondance, de propagande et d'administration	"	272.70
			Total des dépenses.	frs.	5.073.00

Les *Recettes* se sont élevées à   frs. 5.286.65
Et les *Dépenses* à   " 5.073.00
D'où un *excédent de recettes* de   " 213.65 (¹)
à porter au compte de 1893-1894.

---

¹ Nous signalons à la bienveillante attention de nos lecteurs les dépenses considérables qui résulteront de la *peinture des salles* et de *l'ameublement liturgique de l'Oratoire* de la Maison de Famille.

DIOCÈSE D'ÉVREUX.

Association Diocésaine de Notre-Dame des Armées.

I. — Une Association de prières et de bonnes œuvres, sous la protection et le vocable de Notre-Dame des Armées, est établie dans la cathédrale d'Évreux, sous la direction de M. le Chanoine Bruno, Secrétaire général de l'Évêché.

II. — Cette Association, qui s'étend à tout le diocèse, intéresse les familles chrétiennes, les mères, les jeunes filles pieuses, les élèves des séminaires et des établissements catholiques dont les fils ou les frères, laïques ou séminaristes, sont enrôlés dans la milice des camps, et, en général, les âmes de foi qui ont à cœur de s'unir, dans une commune prière, pour les vivants et les morts de notre chère Armée, ainsi que le demandait Jeanne d'Arc avec tant d'instance.

III. — Les membres de l'Association se proposent de réciter, chaque jour, un *Pater* et un *Ave*, avec l'invocation : *Notre-Dame des Armées, priez pour nous !* et d'aider, s'ils le peuvent, à la fondation, à l'entretien, au développement des œuvres qui ont pour but la conservation de la foi dans l'Armée.

IV. — La seule condition requise pour l'admission est de se faire inscrire (*nom et prénoms*) sur le registre de l'Association, par les soins de M. le Chanoine Bruno.

V. — Les fêtes patronales de l'Association sont :

1º Celle de Notre-Dame des Armées (Notre-Dame Auxiliatrice, 24 Mai);

2º Celle du Patronage de saint Joseph (3e Dimanche après Pâques);

3° Celle de saint Maurice et de sa Légion (22 Septembre);

4° Celle de saint Michel (29 Septembre).

Vu et approuvé :

✠ FRANÇOIS, Evêque d'Evreux.

Evreux, 8 Décembre 1891, en la Fête de l'Immaculée Conception.

N. B. — Les *demandes d'inscription* personnelles ou collectives doivent être adressées soit *directement*, soit par l'entremise des *zélateurs* et *zélatrices* de l'Association, à M. le Chanoine Bruno, *à l'Evêché d'Evreux*.

Les *offrandes* sont absolument facultatives. Si minimes qu'elles soient, elles seront acceptées avec reconnaissance, pour faire face aux frais d'organisation et de culte de l'Association, comme aussi pour aider à l'entretien des Œuvres Militaires.

L'Association diocésaine est *la seule*, parmi les œuvres, ligues ou confréries similaires, qui soit autorisée à provoquer et à recevoir des offrandes ou des souscriptions régulières dans le Diocèse.

Il est délivré aux Associés une image spéciale à l'Association diocésaine.

Indulgences de l'Archiconfrérie de Notre-Dame des Armées,

à laquelle est affiliée canoniquement l'Association d'Evreux.

Indulgences plénières.

1° Le jour de la réception;

2° Le jour de Notre-Dame Auxiliatrice, patronne de l'Archiconfrérie (24 Mai);

3° De saint Michel, patron secondaire (29 Septembre);

4° Les jours de Noël, de l'Annonciation, de l'Ascension, de l'Assomption, de la Nativité et de l'Immaculée Conception de Marie;

5° Le jour de la réunion de l'Association (*cette indulgence ne peut être gagnée qu'une fois par semaine*);

6° Deux fois par an, au choix des associés, sous la condition de faire une confession générale, ou au moins extraordinaire;

7° Pour tous les exercices spirituels d'une retraite d'au moins cinq jours;

8° Les indulgences des Quarante-Heures pour les *Triduums* célébrés dans les chapelles des Confréries, à la condition d'assister quelque temps à l'exposition du Saint-Sacrement, d'y prier et de remplir les œuvres prescrites;

9° Le jour où le sociétaire étant malade, reçoit les avis du directeur, communie et récite trois *Pater* et trois *Ave* devant un crucifix;

10° A l'article de la mort;

11° Toutes les indulgences des stations de Rome, à la condition de réciter sept *Pater* et sept *Ave*.

NOTA. Les indulgences suivantes, savoir : le jour de Pâques, de la Pentecôte, du Sacré-Cœur (*Bref du 15 Décembre 1874*); le jour de la fête de saint Maurice ou l'un des quatorze jours suivants; enfin, une fois par mois, à la convenance des associés, peuvent être gagnées par les associés qui *aident à l'entretien des Œuvres Militaires* et qui prient tous les jours aux intentions de l'Eglise et pour les Armées. (*Rescrit du 17 Juillet 1856.*)

L'autel d'une Confrérie agrégée à l'Archiconfrérie est privilégiée pour tout prêtre qui y célèbre la Messe pour un associé défunt.

Les prêtres associés ont l'autel privilégié personnel, quelque part qu'ils célèbrent en faveur d'un associé défunt.

Indulgences partielles.

I. *Une indulgence de sept ans toutes les fois* qu'un associé : 1° Prie pour un fidèle agonisant ou qui vient de mourir; — 2° Assiste à l'Office des morts; — 3° Accompagne au cimetière le corps d'un défunt; — 4° Assiste aux pieuses réunions de l'Association ou autres; — 5° Entend la sainte Messe aux jours ouvrables; — 6° Fait son examen de conscience le soir, avant de s'endormir ; — 7° Visite les pauvres malades ou les prisonniers ; — 8° Réconcilie ceux qui sont divisés.

II. *Une indulgence de trois cents jours* (une fois par jour seulement) pour chaque associé qui récite un *Pater* et un *Ave* avec l'invocation : *Notre-Dame des Armées, priez pour nous. (Audience du 23 Septembre 1875.)*

III. *Sept ans* aux prêtres qui disent la Messe, aux fidèles qui la font dire, et aux soldats qui y assistent, dans les chapelles militaires, pour le bien spirituel des Armées. (*Bref du 5 Mai 1869.*)

Toutes ces indulgences plénières et partielles sont applicables aux âmes du purgatoire.

Vu et approuvé :

✠ FRANÇOIS, Évêque d'Evreux.

Evreux, 19 Janvier 1892.

Avantages de l'Association.

I. — Chapelle de l'Archiconfrérie à Versailles.

A la fin de chaque Messe et tous les soirs, on récite, dans la chapelle de Notre-Dame des Armées, un *Pater* et un *Ave* pour l'Armée, et spécialement pour les associés et pour leurs parents vivants et défunts.

Tous les jours, une Messe est fondée, dans la même chapelle, à perpétuité, pour les soldats vivants et défunts de toute l'Armée, pour les associés de Notre-Dame des Armées, et pour les directeurs et bienfaiteurs d'œuvres militaires inscrits sur le registre de l'Archiconfrérie.

II. — Association d'Evreux.

Le premier *mercredi* de chaque mois, une Messe[1] sera célébrée à la cathédrale :

---

[1] D'autres Messes pourront être acquittées, suivant les ressources de l'Association, dans le cours de l'année, notamment aux fêtes patronales de l'Association et pendant le mois de Novembre consacré au souvenir des morts.

1º Pour les officiers et soldats, vivants et défunts, des Armées de terre et de mer, appartenant aux familles inscrites dans l'Association diocésaine; — 2º Pour les officiers et soldats, vivants et défunts, des garnisons du diocèse; — 3º Pour les religieux et séminaristes astreints au service militaire, et spécialement ceux du diocèse; — 4º Pour les membres vivants et défunts de l'armée française; — 5º Pour les associés vivants et défunts, et à leurs intentions particulières; — 6º Pour les membres, vivants et défunts, des comités de l'Œuvre Militaire, et à leurs intentions particulières.

Prières à l'usage de l'Association.

O Immaculée Vierge Marie, vous à qui la France a été consacrée et qu'elle se plaît à invoquer sous le titre de Notre-Dame des Victoires, protégez nos Armées et montrez-vous la Mère de nos soldats! Vierge fidèle, soyez la gardienne vigilante de leur foi, de leur honneur, de leur vie! Secours des chrétiens, envoyez les Anges pour les assister au milieu des dangers de la paix et des périls de la guerre! Refuge des pécheurs, obtenez-leur la grâce de triompher de leurs faiblesses, afin qu'après avoir noblement servi Dieu et leur Patrie, ils puissent, par votre intercession et les mérites de votre Divin Fils, recevoir dans le ciel la palme des vainqueurs. Ainsi soit-il.

> (Mgr l'Evêque accorde à la récitation de cette prière 40 j. d'indulgence. 30 Nov. 1892.)

Pater, Ave, — Notre-Dame des Armées, priez pour nous! (300 j. d'ind. pour les Associés.)

De profundis (pour les défunts de l'Armée, de l'Association, et de l'Œuvre Militaire.)

Association Diocésaine de N. D. des Armées.

Directeur : M. le Chanoine BRUNO, Secrétaire général de l'Evêché.

Secrétaire : M. l'Abbé RAPHAEL DE MAISTRE, à Evreux.

Zélateurs et Zélatrices.

Evreux :

Grand Séminaire.
Petit Séminaire.
Ecole libre St François de Sales.
— au choix de MM. les Supérieurs.

Pensionnat N. D.
Pensionnat de la Providence.
Pensionnat des Ursulines.
— au choix de Mmes les Supérieures.

Mme LE FRANÇOIS.

Mlle Marguerite DE LA RONCIÈRE-LE NOURY.

Mlle Louise COCHIN.

Mlles LECŒUR.

Mlle LESAGE.

Paroisse St-Germain de Navarre : M. le CURÉ.

Bernay : M. le CURÉ de N. D. de la Couture et son Vicaire.

Beuzeville : M. le DOYEN et son Vicaire.

Bézu-St-Éloi :	M. le CURÉ.
Boissey-le-Châtel :	M. le CURÉ.
Brionne :	Mme la Comtesse et Mlle DE VAU-GIRAUD, au château de St Victor d'Epine.

Cormeilles :
> M. le DOYEN.
> Et Mlles : Juliette LELIÈVRE.
> Jeanne MESLIER.
> Maria RÉGNIER.
> Marguerite SURSIN.

Courbépine :	Mme et Mlle BERNAYS.
Ecouis :	M. L'AUMÔNIER du Collège.
Epaignes :	M. le CURÉ.
Haye-du-Theil :	M. le CURÉ.
Heuqueville :	M. le CURÉ.
Incarville :	Mme et Mlle MOURIER.

Louviers :
> Mme la Comtesse DU MANOIR, au château d'Acquigny.
> Mme et Mlle MOURIER, au château d'Incarville.

Menilles :	M. le CURÉ.
Menneval :	Mlle DAUGER.

Pont-Audemer :
> Petit séminaire : un élève, au choix de M. le Supérieur.
> M. l'Abbé TOUFFET.
> Mme BASTON.
> Mme TILMAN.
> Paroisse de St-Germain : M. le CURÉ.

Pont-de-l'Arche :
> M. le Capitaine THINON DE LA TROCHE.
> Mlles DIVAY.

St-Victor d'Epine :   Mme la Comtesse et Mlle DE VAU-
                                   GIRAUD.

Tourville sur Pont-Audemer : M. le CURÉ.

Vascœuil :   M. le CURÉ.
                                Mlles BOULANGER et MORIN.

Vernon :   M. le DOYEN.
                                M. l'Abbé LALLEMAND.

EXERCICE 1892-1893.
Du 1er Novembre au 31 Octobre.

Recettes.		*Dépenses.*	
Directes ou par l'entremise des Zélateurs et Zélatrices. (¹) . . . 695.20		Déficit de 1891-1892. . 248.50	
Don particulier de Monseigneur. . . . 250.00		Nouveau tirage de 10,000 images pour les Associés et pour la propagande des deux Œuvres . . . 450.00	
Total des Recettes . . 945.20		Service religieux de l'Association . . . 52.00	
		Abonnement à des Revues spéciales. . . 7.50	
		Frais relatifs à l'Administration (correspondance et propagande). 13.10	
		Total des Dépenses. . 771.10	

Les *Recettes* se sont élevées à . . 945.20
Et les *Dépenses* à 771.10
D'où un *excédent de Recettes* de . . 174.10
à porter au compte de 1893-1894.

---

¹ Nos livres et les listes envoyées par les Zélateurs et Zélatrices contiennent le détail des Recettes. Il est impossible de les publier au Rapport.

Allocution de M. l'Abbé Amette,

VICAIRE GÉNÉRAL, ARCHIDIACRE DE PONT-AUDEMER,

À L'OCCASION DE LA BÉNÉDICTION
DE L'ORATOIRE DE NOTRE-DAME DES VICTOIRES,
26 MARS 1893.

(ANALYSE)

Mes chers amis,

JE suis heureux de venir inaugurer ce charmant Oratoire et y dire avec vous la première prière.

Cette Maison s'appelle une *Maison de Famille :* elle est maintenant complète. Dans toute maison de famille, il y a l'appartement du père. Le père ici, c'est Dieu. Il convenait donc qu'il eût sa place réservée .... Désormais le vœu qu'exprimait le dévoué directeur de cette Œuvre, s'appropriant la parole d'un vieux général : « Dieu y soit! » sera pleinement réalisé...

Mais l'appartement du père de famille est aussi celui des enfants. Cet oratoire, qui est pour Dieu, est également pour vous. Dans cette maison, il y a des salles diverses où vos corps, vos esprits, vos cœurs, trouvent leur délassement et leur satisfaction. C'est ici le lieu destiné à vos âmes, à cette portion de vous-mêmes qui est faite pour Dieu et pour l'éternité. Vos âmes viendront ici se reposer, se rafraîchir, respirer, dans la prière. — Les moments que vous y consacrerez dans cet oratoire ne seront pas les moins doux de ceux que vous passerez dans cette maison et il n'en est pas qui vous laisseront un meilleur souvenir.

Nous allons donc bénir ce sanctuaire, en demandant à Dieu de s'y rendre présent, d'y tenir son cœur ouvert à toute prière qui s'élèvera d'ici vers Lui.

Je vais bénir ce tabernacle, où Notre-Seigneur daignera habiter pour vous, à certains jours, et, en le bénissant, je penserai à ces autres tabernacles qui sont vos cœurs et où Il veut aussi demeurer. Il en est qui l'ont reçu ce matin : nous demanderons qu'ils le gardent fidèlement, et, pour ceux qui n'ont pas encore eu ce bonheur, nous prierons qu'ils s'y préparent et que le jour de Pâques toutes vos âmes soient des tabernacles purifiés et habités par Jésus-Christ.

Je vais bénir cette Croix, emblème de notre rédemption opérée par les souffrances et la mort que le Fils de Dieu y a endurées pour nous. C'est le drapeau du chrétien, qu'il faut aimer non moins que le drapeau de la Patrie .... En attendant que la croix d'honneur brille sur vos poitrines, gravez dans vos cœurs la croix de Jésus; respectez-la; ne rougissez jamais d'elle; elle vous assurera la vraie gloire, celle de l'éternité.

Je vais bénir enfin cette statue de Marie, notre Mère du Ciel. Dans la famille, à côté du père, il y a la mère. « Si l'enfant prodigue avait eu encore sa mère, il n'aurait jamais quitté la maison paternelle. » Dieu sait bien que la présence et la tendresse d'une mère sont ce qu'il y a de plus puissant pour retenir l'enfant au foyer. Voilà pourquoi il a voulu, Lui notre Père, avoir à ses côtés, pour nous aimer et nous attirer, une Mère, la Vierge Marie. C'est une heureuse pensée d'avoir placé son image au-dessus de cet autel. Aussi, j'ai confiance que parmi ceux qui viendront ici la prier, il n'y aura jamais de prodigues; où, s'il s'en rencontre parfois, ce seront des prodigues, égarés avant de connaître cet asile, et qui seront venus y commencer ou y consommer leur retour à la maison paternelle.

Allocution prononcée par Monseigneur,

A LA MESSE MILITAIRE,
EN LA FÊTE DE NOTRE-DAME DES ARMÉES.
28 MAI 1893.

Mes chers amis,

VOus avez exprimé le désir de me voir présider une de vos fêtes religieuses, et c'est pour répondre à ce vœu légitime que je suis venu au milieu de vous, dans cette chapelle de Saint-Joseph, au jour de votre fête patronale. Il m'est agréable, en cette circonstance, d'être entouré de prêtres qui ont donné et donnent chaque jour des gages de leur dévouement au soldat et de leur patriotisme. La présence de vos chefs à cette cérémonie m'est une occasion, et je veux en profiter, de les remercier de leur bienveillance pour notre Œuvre et de l'appui moral qu'ils lui prêtent.

Tous ensemble nous venons saluer N. D. des Armées et invoquer son puissant secours.

Mes amis, si vous étiez marins et qu'au lieu d'être à Évreux nous fussions à Marseille, il me serait facile de vous exhorter à la confiance envers la Sainte Vierge. Je n'aurais qu'à vous montrer d'un côté la mer en courroux et de l'autre la statue de N. D. de la Garde, dominant la ville et les flots. Les marins, en effet, sont de robustes croyants, et leur piété envers Celle qu'ils appellent la « *Bonne Mère* » ne se dément jamais. Comment être incrédule, quand au bruit de la tempête, on se trouve entre deux infinis, le ciel plein d'éclairs au-dessus de sa tête et l'abîme des grandes eaux à ses pieds? D'ailleurs, combien de fois Marie n'a-t-elle pas écouté la prière de ses enfants en péril, en les arrachant à une mort certaine? De là tous ces *ex-voto*, témoignages de reconnaissance qui tapissent les murailles de N. D. de la Garde et ces gracieuses nacelles suspendues à ses voûtes. —

En avril 1889, à la veille de notre embarquement pour la Palestine, nous lisions cet émouvant récit : « Le navire *Amélie* de St-Malo, se rendant à Terre-Neuve, après avoir essuyé six jours de tempête, vient de couler en mer. L'équipage, sur le point d'être englouti, avait fait ce vœu, s'il échappait à la mort, de se rendre en pèlerinage au sanctuaire de Marie et peu après il était recueilli tout entier par un vapeur belge qui passait par là, en ce moment critique. » Ce fait est encore dans toutes les mémoires; mais combien d'autres de ce genre pourraient être cités? Oui, Marie est vraiment l'Étoile de la mer, *Maris stella*, qui paraît soudain dans la nuée noire et montre le port au navire désemparé.

Soldats de terre, pourquoi votre dévotion envers Marie serait-elle moindre que celle de vos frères qui naviguent? Les périls que vous courez seraient-ils moins redoutables, ou bien Marie ne serait-elle pas pour vous, comme pour le matelot, la Bonne Mère?

Sans doute, vous n'êtes pas à la merci des vents et des flots; mais la profession des armes n'est-elle pas par elle-même une profession où la vie peut être menacée d'un moment à l'autre? Demain, le clairon des combats peut sonner au milieu de l'Europe qui n'est du reste qu'un vaste camp; demain, jeunes gens, vous pouvez être appelés à la frontière, pour défendre, contre un ennemi jaloux de la France, l'honneur du drapeau et l'intégrité du territoire. N'y aura-t-il pas alors dans votre âme, comme dans celle du marin, un besoin immense de crier au secours et d'appeler à votre aide la Vierge auxiliatrice? Et certes, il n'est pas inouï qu'Elle ait répondu à la prière ardente du soldat et qu'Elle lui ait sauvé la vie, au milieu d'une grêle de balles.

Mais, laissons ces images de guerre. N'avez-vous pas, en

4

temps de paix, de vrais périls à craindre? Ceux qui menacent votre foi et votre vertu. L'une et l'autre sont bien fragiles dans une intelligence et un cœur de vingt ans! Vous souvient-il de l'émotion de votre mère, lorsque vous lui fîtes vos adieux, les yeux en pleurs, quittant un foyer aimé, pour l'inconnu de la caserne? Avez-vous oublié ses conseils? « Reste chrétien, vous disait-elle; fuis les mauvaises compagnies; sois sage et honnête, et que ni ta mère, ni tes sœurs n'aient jamais à rougir de toi! » Ces paroles exprimaient-elles des appréhensions chimériques? Votre conscience et votre expérience pourraient me répondre. Oui, un soldat a besoin de deux choses : la foi et la vertu.

Qu'est-ce qu'une armée sans croyance et sans Dieu? Qui peut la soutenir en face de la mort? « Le sentiment religieux, disait le général Berthaut, est le grand mobile du soldat; il faut le cultiver avec soin dès l'enfance. » Que d'autres chefs d'armée ont pensé de même! Les nommer tous serait impossible. Mais sans parler ici des morts ou des absents, un général que vous connaissez bien, ne vous tenait-il pas, naguère, le même langage, dans notre Maison de Famille, en vous engageant à la fréquenter et à écouter les conseils de vos chers Aumôniers?

Oui, mes amis, vous avez besoin de foi et de religion, si vous voulez garder intactes votre dignité d'homme et votre vertu de chrétien. Et comme en face de tels devoirs votre volonté est faible, il faut implorer la force de Dieu par l'intermédiaire de Celle qui est toute-puissante sur son Cœur : Notre-Dame des Armées. Tel est le but de cette belle Association si répandue aujourd'hui soit parmi les familles qui comptent dans leur sein quelques soldats, soit parmi celles qui ont souci de la grandeur et du salut de la France.

C'est en union avec toutes ces nobles âmes que vous allez prier, mes chers amis, et Marie vous prendra sous sa protection maternelle, et vous resterez dignes d'Elle, dignes de vos familles, dignes du Pays qui est le vôtre et que vous êtes appelés à défendre. C'est le grand honneur que j'appelle sur vous, au nom du Père, du Fils et du Saint-Esprit!